DE LA MEME AUTEURE

☆ *J'avais prévu autre chose...,*
   roman feel good, 2018

☆ *J'ai toujours rêvé,*
   recueil de nouvelles, 2019

- www.cecileblanche.com -

12 mois pour moi

JANVIER

Célébrer le Nouveau

Des carnets pratiques

à expérimenter au quotidien

Cécile Blanche

ISBN papier : 9782322187751

Comment utiliser ce carnet

Je vous souhaite un beau voyage avec ce carnet pratique à expérimenter au quotidien. Vous trouverez un sommaire en début de carnet qui vous permettra de **sentir si vous préférez suivre le déroulement proposé ou piocher** *au hasard* parmi les exercices proposés, notamment les histoires et citations « à laisser infuser », si besoin. **Les versions audio des visualisations** de ce carnet sont en écoute libre sur mes sites internet (adresses en fin de carnet).

Avant de commencer

Ce carnet a été élaboré par mes soins avec amour et conscience sur **le thème du passage à la nouvelle année**.
Cependant, je vous invite chaleureusement à **expérimenter et/ou adapter selon l'envie ce qui vous est proposé, lors d'autres passages** que vous traverserez dans votre « ici et maintenant », unique et singulier.

<u>**NB**</u> **:** *Ce carnet peut se vivre seul et aussi se partager à plusieurs...*

BON VOYAGE !

SOMMAIRE

MATERIEL REQUIS

☆ **Un cahier**, idéalement type *travaux pratiques* alternant pages à carreaux et pages blanches mais n'importe quel grand cahier peut tout à fait convenir.

☆ **De grandes feuilles à dessin** type Canson si vous souhaitez plus de place (pour les collages, par ex.)

☆ **De quoi mettre en couleurs vos créations** : feutres, crayons, pastels et même peintures et encres, si envie.

☆ **Des vieux magazines**, des ciseaux et de la colle.

☆ De quoi **écouter de la musique**, de préférence instrumentale selon moi, mais écoutez-vous si un autre style vous *appelle* !

Important : Vous aurez besoin, avant tout, de **choisir un temps et un endroit au calme** *(coupez le téléphone, si possible) pour réunir les* **conditions nécessaires** *pour vivre pleinement et au mieux cette expérience.*

Citations à méditer

☆ **Demain, du ventre du temps**
  surgira une année nouvelle – Njabulo S. Ndebele

☆ **Nous ne vieillissons pas d'une année sur l'autre, nous**
  nous renouvelons chaque jour – Emily Dickinson

☆ **Ce que la chenille appelle la mort, le papillon l'appelle**
  renaissance – Violette Lebon

1 – Intégrer le positif de l'année écoulée

Une année vient de s'écouler : douze mois, 365 jours. Avec son lot de bonnes surprises, d'épreuves, de projets et d'évènements dits marquants. On ne peut changer le passé, certes. Cependant, je vous propose grâce aux exercices qui vont suivre **d'y poser un regard différent**, de vous installer un peu plus loin ou un peu plus haut **afin d'en tirer des enseignements et d'en garder le meilleur**, comme le colibri qui ne garde que le nectar de la fleur.

Visualisation positive : le livre de mon année 2019

Mise en état de relaxation : Installez-vous dans une posture confortable et fermez les yeux pour mieux entrer à l'intérieur de vous. Vous observez les mouvements de votre corps avec la respiration sans chercher à modifier quoi que ce soit. A chaque nouvelle respiration, vous sentez votre corps, tous vos membres de plus en plus relâchés. Vous glissez dans un agréable état de relaxation physique tandis que votre esprit, votre mental est de plus en plus disponible.

Visualisation :Vous vous imaginez dans un endroit sacré, un endroit dans la nature ou chez vous, peu importe, du moment que cet endroit vous inspire calme et sécurité. Prenez le temps de ressentir ces sentiments, ces sensations de confiance en vous, les incarner dans votre corps. En vous installant dans cet endroit sacré, vous tournez la tête sur votre gauche et apercevez un livre posé à côté de vous. Vous vous en saisissez et découvrez le titre de cet ouvrage : *le livre de mon année 2019*. Vous décidez alors de le parcourir. Vous pouvez le découvrir dans l'ordre, chapitre après chapitre, janvier, février et ainsi de suite jusque décembre ou prendre au hasard, sauter des chapitres. Laissez-vous sentir ce que vous préférez. Des images reviennent sans doute, en tournant les pages. Certaines attirent plus votre attention, d'autres font resurgir des émotions. Accueillez-les toutes sans jugement, avec vos nouveaux yeux. Comme si vous découvriez les personnages et l'intrigue d'un roman, justement.

Que ressentez- vous ? Continuez à respirer tranquillement, profondément. Choisissez les évènements qui ont été particulièrement forts pour vous, agréables ou non.

Prenez le temps pour chacun.

Posez-vous la question suivante à chaque fois : qu'ai-je appris à travers cette rencontre, cette situation ? Prenez alors le temps d'intégrer, à l'aide de la respiration, tout le positif, le meilleur de ce ressenti, de cette expérience. Revenez au corps, temple sacré de toutes vos intégrations. A votre rythme, refermez le livre. Plus globalement, en quoi cette année 2019 a-t-elle transformé votre vie, votre perception des choses ? Quels enseignements en tirez-vous ? Quels cadeaux cette année vous a-t-elle fait ? Laissez apparaitre à votre conscience toutes ces nouvelles ressources dorénavant disponibles pour vous, pour écrire la suite de votre histoire. Prenez le temps de recevoir ces cadeaux. De les ancrer dans la mémoire de vos cellules......

Retour en état de veille : Maintenant, vous allez prendre le temps de revenir, ici et maintenant, dans la pièce où vous vous trouvez. Pour cela, vous pouvez commencer par reprendre quelques respirations plus amples. Petit à petit, remettre votre corps en mouvement. Et quand ce sera le bon moment pour vous, à votre rythme, vous pourrez finir de revenir, tout simplement en rouvrant les yeux.

Facultatif : *Vous pouvez ensuite, dans votre carnet, écrire votre vécu et votre ressenti durant cet exercice.*

Le tableau de mon année 2019

Feuilletez des magazines et laissez-vous attirer spontanément par les images, les mots qui évoquent pour vous l'année qui vient de s'écouler. Je vous propose de mettre une musique pour cet exercice (peut faciliter à lâcher le mental, le contrôle), une musique que vous aimez. Ensuite, après avoir découpé ces différents éléments, mettez-les en scène (disposez-les) sur une page de votre cahier ou une feuille à dessin plus grande si besoin avant de les coller. Ensuite, vous pouvez prendre des feutres, crayons, etc et faire ainsi du lien entre ces différents éléments. Une fois la création achevée, prenez un temps de recul (au sens propre !) et observez votre ressenti tandis que vous découvrez votre oeuvre d'un peu plus loin.

Facultatif : *Vous pouvez l'afficher chez vous (visible aussi pour les autres, ou non) avant de passer à la 2e partie du carnet qui concerne l'année à venir. Vous prendrez ainsi un temps pour « laisser décanter » ces enseignements et tout le fruit de cette période importante afin de finir de les ancrer. Ils vous seront précieux pour vous projeter dans cette nouvelle année qui arrive !*

Diagramme de mon année 2019

Créez autant de *parts de tarte* dans votre diagramme en cercle que vous avez de domaines à explorer.

Liste non exhaustive de thèmes à explorer (et à personnaliser) : Santé/corps, Vie matérielle, Relations/couple/famille, Travail, Loisirs, Développement personnel, Spiritualité, etc.

Pour chaque thème, notez le positif dans chaque *part de tarte* (même si au départ ce point était douloureux) et ce qui vous a fait grandir, que ce soit dans la prise de conscience intérieure ou dans les actes posés. Les enseignements reçus ne sont pas toujours visibles à l'extérieur, ils n'en sont pas moins essentiels pour autant.

Ex : Madame Dupont a eu des maux de tête très violents en 2019.
Ce qui l'a obligée à se mettre en arrêt maladie. Cet arrêt, bien que dur à avaler au début, lui a permis de prendre du recul par rapport à sa vie professionnelle et d'envisager une reconversion en 2020.

Facultatif : Vous pouvez agrémenter votre diagramme avec des couleurs par thème ou des petits dessins illustratifs.

Ma liste de gratitude

Ceux qui ont déjà travaillé avec moi savent combien j'affectionne particulièrement les listes (pour tout, tout le temps...Pathologique ? Peut-être !). Je vous propose ici de lister vos sources de gratitude vis-à –vis de vous-même ou d'autres personnes concernant votre année 2019. Vous pouvez , par exemple, commencer cette liste comme suit :

☆ Merci (prénom d'un tiers), grâce à toi, j'ai pris conscience de ma valeur à travers ton regard et ton soutien.

☆ Merci et bravo(votre prénom), durant cette année, tu as osé te lancer dans ce projet professionnel qui te tenait à cœur depuis longtemps.

☆ Merci à ma maladie qui m'a permis de voir ce qui était le plus important pour moi et de voir combien je pouvais compter sur mon entourage en cas de besoin. Etc, etc, etc.

Facultatif : Lisez cette liste à voix haute, une main sur le cœur.

2 – Accueillir la nouvelle année

En janvier, chaque année, il y a deux rituels en France et dans beaucoup d'autres pays : les *bonnes résolutions* et souhaiter *bonne année*.

Avec les exercices qui vont suivre, je vous propose d'expérimenter ces deux rituels de façon à y mettre une intention et une conscience différentes.

<u>Mes « bonnes résolutions »</u>

Pour commencer, je vous propose de **transformer la formule** ci-dessus en *Souhaits & envies de nouvelle année*. Ainsi, les *il faut, je dois* se transformeront automatiquement en *j'ai envie, je souhaite*. Plus sympa, n'est-ce-pas ?

☆ D'abord, **faites votre liste de souhaits** – un peu comme au père Noël – de tout ce que vous avez envie d'expérimenter en 2020, que ce soit une quête intérieure, relationnelle, matérielle ou autre.

☆ Ensuite, **sélectionnez le projet** (dans cette liste) vous paraissant soit le plus cher à votre coeur soit le plus accessible pour vous.

☆ Concernant ce projet, **listez toutes les étapes** qui vous séparent de votre but.

Ex : Anna veut changer de métier et trouver sa voie.
Voici un exemple de liste d'étapes qu'elle pourrait faire :

—*Faire un bilan de compétences.*

—*Contacter des professionnels dans ce domaine, échanger avec eux.*

—*Trouver un financement.*

—*Négocier le départ de son entreprise ou éventuellement, un congé formation. Etc, etc, etc.*

Visualisation : Projection positive année 2020

Mise en état de relaxation : Installez-vous dans une posture confortable et fermez les yeux pour mieux entrer à l'intérieur de vous. Vous observez les mouvements de votre corps avec la respiration sans chercher à modifier quoi que ce soit. A chaque nouvelle respiration, vous sentez votre corps, tous vos membres de plus en plus relâchés. Vous glissez dans un agréable état de relaxation physique tandis que votre esprit, votre mental est de plus en plus disponible.

Visualisation : Vous allez profiter de cet état d'accueil, d'ouverture, pour ouvrir le champ des possibles pour cette année qui commence. Songez à tous ces projets, ces rêves, ces envies. Laissez venir les images qui apparaissent sur votre écran mental en les évoquant, les sensations qui émergent à votre conscience et dans quelles parties de votre corps elles se manifestent. Est-ce de la chaleur dans la poitrine, par exemple ou une sensation de circulation ? Laissez venir tout ce qui vient. Peut-être des émotions, un sentiment de plénitude, de joie, de satisfaction du but atteint ? Savourez ce tableau, prenez bien le temps de l'ancrer dans la mémoire de votre corps. Tout est possible. Vos limites sont celles de vos croyances. Prenez donc l'habitude et le plaisir d'aller au delà des barrières. Respirez profondément pour intégrer le meilleur de cette expérience......

Retour en état de veille : Maintenant, vous allez prendre le temps de revenir, ici et maintenant, dans la pièce où vous vous trouvez. Pour cela, vous pouvez commencer par reprendre quelques respirations plus amples. Petit à petit, remettre votre corps en mouvement, et quand ce sera le bon moment pour vous, à votre rythme, vous pourrez finir de revenir, tout simplement en rouvrant les yeux.

Facultatif : *Vous pouvez ensuite, dans votre carnet, écrire votre vécu et votre ressenti durant cet exercice*

Se souhaiter Bonne année autrement

C'est la tradition. A partir des douze coups de minuit du premier janvier jusqu'au 31 du même mois, on se souhaite *bonne année*. Si le symbole et l'idée sont sympathiques, cette démarche peut parfois perdre de son sens, de sa profondeur et de son authenticité ; devenant un acte verbal aussi automatique que le *ça va* d'usage après le *bonjour* . Loin de juger qui que ce soit, je trouve simplement dommage que cette tradition ai perdu son caractère rituel et sacré.

C'est pourquoi, je vous propose d'expérimenter seul, en famille ou entre amis (au choix) de se souhaiter la bonne année en conscience comme suit.

<u>Méditation de bonne année</u>

Fermez les yeux et installez-vous confortablement dans une posture d'accueil, d'ouverture. Vous respirez profondément. relâchez les muscles, les machoires, les épaules, les doigts, les orteils. Laissez passer les pensées qui traversent votre esprit. Concentrez maintenant votre attention sur la personne à qui vous voulez souhaiter une bonne année (qu'elle soit à vos côtés ou non). Reliez- vous à son énergie, à ce qu'elle dégage, que vous puissiez sentir dans votre corps, ou simplement en l'imaginant mentalement. Son visage, son attitude.

Chaque personne sent par des moyens qui lui sont propres. Certains sont plutôt visuels, d'autres sensitifs, émotionnels. Si rien ne vient, c'est ok aussi. Pensez simplement très fort à elle. Laissez bouger en vous la question suivante : qu'ai-je envie de lui souhaiter pour cette nouvelle année ? Peut-être vous pouvez aussi vous appuyer sur ce que vous savez d'elle, un détail, une difficulté rencontrée, un projet qui lui tient à cœur...

Ensuite, prenez le temps de rouvrir les yeux et écrivez vos souhaits pour elle. Si la personne est présente, prenez-lui alors la main et offrez-lui vos souhaits en la nommant, les yeux dans les yeux, connectée à votre ressenti :
Ex : Cécile, pendant cette expérience, je t'ai vue..., j'ai senti..., j'ai envie de te souhaiter pour cette nouvelle année...

Dans le cas où elle serait absente, vous pouvez confectionner une carte de voeux (ou l'acheter) et y écrire vos souhaits ou lui téléphoner ou attendre votre prochaine entrevue pour lui partager de vive voix. Prenez le temps de sentir quelle option vous *parle* le mieux.

Variantes de cette méditation

On n'est jamais mieux servi que par soi-même

Vous pouvez expérimenter cet exercice pour vous-même en vous reliant à votre propre essence, mains sur le cœur et laisser apparaître ce que votre *sage intérieur* souhaite vous offrir. Dans ce cas précis, votre *sage intérieur* étant la partie de vous-même qui sait ce qui est bon pour vous.

Un souhait plus grand

Vous pouvez former un ou plusieurs souhaits pour la relation que vous partager avec quelqu'un d'autre (parent, enfant, ami, collègue, amoureux ou autre...) et le formuler comme suit :

Ex : Cécile, je nous souhaite pour cette nouvelle année plus de fous rires, de légèreté, une communication fluide, etc.

Ceci étant bien évidemment à adapter en fonction du vécu, du besoin ou de l'intuition, ici et maintenant.

Un dernier souhait, encore plus grand...

Si cela vous sonne juste, vous pouvez également faire un souhait pour quelque chose de plus grand encore, qui vous touche au cœur. Pour les animaux, la nature, les enfants du monde entier, les femmes, la planète, etc.

Selon moi, cela peut être très nourrissant de dédier une pratique, à la base personnelle et individuelle à plus grand que soi et notamment à ceux qui n'ont pas la capacité (peu importe la raison) d'accéder à ce type de pratique ou d'état de conscience, libérateurs et créateurs.

Aussi, à suivre, une autre pratique que vous pouvez offrir (ou non) de façon plus universelle.

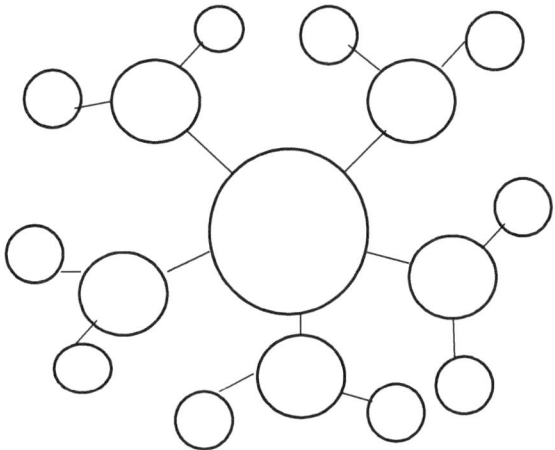

La bulle

Le but de cet exercice est de laisser venir spontanément les images, les mots, en dehors du rationnel ou du logique.

- ☆ **Dessinez** un réseau de bulles (voir dessin ci-dessus). Veillez à pouvoir écrire dans chacune d'entre elles.
- ☆ Ensuite, **inscrivez dans la bulle centrale** (la plus grande) le groupe ou l'entité choisie (la nature, par exemple).
- ☆ **Fermez les yeux** et orientez votre respiration vers votre poitrine, votre cœur.

Visualisez cet espace qui s'ouvre, comme une fleur. Sentez son parfum délicat qui se diffuse partout dans votre corps. Nommez mentalement toutes les parties de votre corps : poitrine, bras, mains, gorge, tête, ventre, dos, bassin, jambes, pieds… Connectez-vous à l'élément au centre de votre bulle. A ces êtres ou à cet espace sacré auquel vous voulez offrir le meilleur. Laissez venir les mots et rouvrez les yeux pour les inscrire dans les bulles accrochées aux premiers rayons autour de la centrale. Ensuite, en restant toujours présent/e à votre cœur, laissez émerger des mots dans le dernier niveau de bulles à partir de chaque mot que vous venez d'écrire.

*Ex : Votre thème (bulle centrale) : **nature** / mot du 1ᵉʳ niveau de bulles : **arbres** / dernier niveau de bulles : **racines**.*

Facultatif : Vous pouvez ensuite vous laisser inspirer par ces mots (tous ou certains) et écrire un texte spontané ou un poème.

<u>Création libre et inspirée</u>

- ☆ **Sortez d'abord le matériel** d'arts plastiques que vous avez envie d'utiliser.

- ☆ Vous pourrez **choisir, si vous le souhaitez, une musique** qui reflète l'énergie dans laquelle vous vous sentez aujourd'hui en songeant à cette année naissante.

- ☆ **Faites une peinture** (ou autre matériau) en vous laissant porter par la musique. Vous pouvez choisir de **créer dans la position assise, debout ou même au sol**. Sachant que debout, vous serez plus libre si vous avez envie de bouger ou de danser en créant.

<u>Variante</u> : *avec le collage (idem collage de l'année 2019, voir page 14).*

La musique écoutée pendant cette création peut aussi devenir un précieux outil d'ancrage. Notamment, si vous vous sentez perdu/e durant la nouvelle année et que vous ressentez le besoin de réancrer ou renouer avec l'énergie de ce début d'année, porteuse de tous les possibles.

Facultatif : *Votre création (peinture ou collage ou autre) peut être affichée chez vous ou sur votre lieu de travail, par exemple comme soutien ou rappel de vos souhaits et vos perspectives.*

Le pouvoir magique de nos créations

Sachez qu'une création continue à être active et vivante, au delà de la séance. C'est pourquoi, il est toujours très important de choisir en conscience ce qu'on en fait et la place qu'on décide de lui donner.

Si vous ressentez le besoin de la cacher . Demandez-vous, par exemple, ce que vous souhaitez cacher et de qui ?

Si vous ne voulez pas la garder, c'est tout à fait possible. Je vous invite simplement à le faire de façon à ce que cet acte fasse partie intégrante de votre transformation. Par exemple, avec l'intention de vous libérer en la jetant du poids symbolique qu'elle représente. Par ailleurs, **si vous la trouvez moche,** pourquoi pas formuler à haute voix en la jetant ce qui suit :

A partir d'aujourd'hui, je décide de me séparer de tout ce que je trouve moche dans ma vie.

Peut s'ensuivre une liste de ce qui vous pèse et qui, selon vous, vous empêche d'avoir une *belle* vie.

Chaque expérience est une occasion de grandir.
Les évènements ont le sens qu'on leur donne en fonction du regard qu'on y porte, à travers nos propres filtres.

Page suivante, vous trouverez un petit conte philosophique à méditer sur ce thème. Bonne découverte !

Histoire à méditer...

Un jour, l'âne d'un fermier tomba dans un puits.
L'animal gémissait pitoyablement pendant des heures, et le fermier se demandait quoi faire.

Finalement, il décida que l'animal était trop vieux et que le puits devait disparaître de tout façon, et qu'il n'était donc pas rentable de récupérer l'âne. Il invita tous ses voisins à venir et l'aider. Tous se saisissent d'une pelle et commencent à enterrer l'âne dans le puits.

Au début, l'âne réalisa ce qui se produisait et se mit à crier terriblement. Puis, au bout de quelques secondes, à la stupéfaction de chacun, il se tut. Quelques pelletées plus tard, le fermier regarda finalement dans le fond du puits fut très étonné de ce qu'il vit.

Avec chaque pelletée de terre qui tombait sur lui, l'âne faisait quelque chose de stupéfiant. Il se secouait pour enlever la terre de son dos et montait dessus.Pendant que les voisins continuaient à pelleter sur l'animal, il se secouait et montait dessus...

Bientôt, à la grande surprise de chacun, l'âne sortit hors du puits et se mit à trotter ! (Auteur inconnu)

3 - Autres rituels pour aller plus loin

Faire de la place pour le nouveau

- ☆ Sélectionnez des objets que vous ne voulez plus
- ☆ Allumez une bougie (pour ouvrir un espace sacré)
- ☆ Pour chaque objet en le jetant (ou en le mettant dans un carton *à donner / vendre*), trouvez de quoi vous vous délestez symboliquement.

Ex : En donnant/jetant cette veste trop petite, je me débarrasse de cette image étriquée de moi-même et je décide de porter des vêtements qui me mettent en valeur.

Incarner le nouveau

Vous pouvez, par exemple, choisir de porter un accessoire, un bijou ou vêtement (nouveau ou que vous avez déjà) qui représente le changement que vous projetez au cours de votre nouvelle année.

Exemples :

☆ **Vous décidez qu'en 2020, vous serez plus audacieuse**, votre robe rouge que vous n'osiez pas mettre en 2019 (et même peut-être avant !) pourra parfaitement incarner cette nouvelle image de vous.

☆ **Vous décidez qu'en 2020, vous ne serez plus en retard.** Pourquoi pas choisir dans ce cas soigneusement une jolie pendule ? Celle-ci vous aidera (peut-être ?) à voir le temps qui passe avec davantage de plaisir et de légèreté...

Histoire **à mé**diter...

Un 23 décembre, j'étais à l'aéroport écoutant secrètement un père et sa fille. Elle devait partir dans un autre pays rejoindre son mari et ses enfants pour fêter Noël auprès des siens.

Le père serra très fort sa fille et lui dit: « Je t'aime, je t'en souhaite juste assez ! »

Elle leva la tête et dit à son père : «Papa, la vie avec toi est beaucoup plus qu'assez. Ton amour envers moi a toujours été plus que j'aurais souhaité. Je t'en souhaite juste assez aussi papa ! »

Ils s'embrassèrent puis elle partit.

Il marchait le long des vitrines tout près d'où j'étais, regardant sa fille disparaître au loin. Je pouvais voir dans son visage qu'il n'avait qu'une envie, c'était de pleurer.

Je ne voulais pas m'introduire dans sa vie privée mais il me regarda puis, il me dit: « N'avez-vous jamais eu à dire au revoir à quelqu'un en sachant que ce serait la dernière fois ?»

« Oui » lui ai-je dit. « Pardonnez ma question mais, pourquoi c'est un ultime au revoir ? » lui demandai-je.

C'est alors qu'il me regarda d'un air triste et dit: « Je suis vieux et elle demeure trop loin. Le prochain voyage que je ferai sera mes funérailles. Je suis très malade mais je ne lui ai pas dit car je ne veux pas qu'elle s'en fasse pour moi. Je veux qu'elle vive sa vie comme si de rien n'était »

« Mais lorsque vous lui disiez au revoir, je vous ai entendu dire : « Je t'en souhaite juste assez », que cela signifie-t-il ? »

Il commença à sourire et dit : « Ce souhait, nous le faisons depuis des générations dans ma famille. C'est une tradition que nous continuons à suivre et on le dit à tous ceux qu'on aime.»

Il prit une pause, regarda vers le ciel et chercha à se remémorer les détails. Soudain, il se mit à sourire de nouveau et commença: « Quand nous disons à quelqu'un : «Je t'en souhaite juste assez», nous lui souhaitons que sa vie soit remplie avec juste assez de bonnes choses pour pouvoir les apprécier.»

Il se mit à marcher de long en large en demeurant près de moi et se mit à dire:

« Je te souhaite juste assez d'expériences, bonnes ou mauvaises, pour garder une attitude brillante.

Je te souhaite juste assez de pluie pour apprécier le soleil.

Je te souhaite juste assez de bonheur pour garder ton esprit vivant.

Je te souhaite juste assez de douleur afin que les petites joies te paraissent plus grandes.

Je te souhaite juste assez d'argent pour satisfaire tes besoins et ainsi, tu apprécieras les surplus.»

« Je te souhaite juste assez de perte pour apprécier ce que tu as.

Je te souhaite juste assez de Allo pour ne pas avoir trop de derniers Au revoir.»

Puis il partit…

Je crois que trop souvent nous nous attendons à avoir une vie parfaite avec tout ce que cela comporte. Nous avons tous besoin de se faire rappeler que s'il n'y avait pas de moments pénibles dans la vie, nous ne pourrions apprécier les bons.

Donc, mes amis, en ce temps des Fêtes…

Je vous en souhaite juste assez !

POUR FINIR

Un mot de l'auteure

Vous l'aurez compris. Pour moi, le changement d'année est de l'ordre du sacré !

Il en va de même selon moi de tous les *pas sages* de la vie. Le sacré se trouve dans le regard, le sens et le pouvoir qu'on confère aux êtres et aux évènements. De mon point de vue, le sens du rituel se perd ces dernières décennies et il est important de lui redonner une place plus centrale dans nos vies.

Je vous souhaite pour cette nouvelle année de nourrir en vous chaque jour ce qui est sacré et unique.

Namasté !

Merci

Je remercie tout naturellement **mes élèves et patient(e)s** pour **leur confiance et leur implication** dans les séances et les ateliers que je propose. **On fait une *sacrée* équipe !**
Et *MacouzNath* pour la bêta-lecture !

POUR RESTER EN LIEN

☆ cecileblancheauteur@yahoo.com

☆ Facebook : Cécile Blanche Ecrivain

☆ Instagram : @cecileblancheauteur

☆ Site auteure : www.cecileblanche.com

☆ site thérapeute : www.sophrograndir.com

<u>NB</u> : **Ecoutez gratuitement les versions audio des visualisations** de ce carnet sur mes deux sites internet (rubrique *carnets 12 mois pour moi*).

Vous avez aimé ce petit carnet ? Dites-le !

Vous pouvez laisser un (gentil) commentaire sur la page Amazon ou Fnac de mes carnets & donner envie à d'autres d'emprunter ce chemin-là pour grandir.

Découvrez mes autres carnets pratiques Sur Amazon, Fnac & en commande chez votre Libraire préféré !